改變世界的
非凡人物

瑪里 · 居禮
MARIE CURIE

改變世界的非凡人物系列——

瑪里・居禮

文｜伊莎貝爾・湯瑪斯

圖｜安可・魏克曼

譯｜葉庭君

叢書主編｜周彥彤

美術設計｜蔚藍鯨

特約編輯｜洪　絹

副總編輯｜陳逸華

總 編 輯｜涂豐恩

總 經 理｜陳芝宇

社　　長｜羅國俊

發 行 人｜林載爵

聯經出版事業股份有限公司

新北市汐止區大同路一段 369 號 1 樓

(02)86925588 轉 5312

2021 年 1 月初版

有著作權・翻印必究　Printed in Taiwan.

行政院新聞局出版事業登記證局版臺業字第 0130 號

本書如有缺頁，破損，倒裝請寄回台北聯經書房更換。

聯經網址｜www.linkingbooks.com.tw

電子信箱｜linking@udngroup.com

文聯彩色製版印刷公司印製

ISBN｜978-957-08-5661-3

定價｜320 元

國家圖書館出版品預行編目資料

改變世界的非凡人物：瑪里．居禮 / Isabel Thomas 著；
Anke Weckmann 繪圖；葉庭君譯．-- 初版．-- 新北市：聯
經，2021 年 1 月 . 64 面；14.8X19 公分
譯自：Little guides to great lives：Marie Curie
ISBN 978-957-08-5661-3(精裝)

1. 居禮 (Curie, Marie, 1867-1934) 2. 傳記 3. 通俗作品
4. 法國

784.28　　　　　　　　　　　　　　109018983

Marie Curie

Written by Isabel Thomas
Illustrations © 2018 Anke Weckmann
Translation © 2021 Linking Publishing Co., Ltd.
This edition is published by arrangement with Laurence King
Publishing Ltd. through Andrew Nurnberg Associates International
Limited.

The original edition of this book was designed, produced and
published in 2018 by Laurence King Publishing Ltd., London under
the title Marie Curie (Little Guides to Great Lives).

改變世界的
非凡人物

瑪里·居禮

文　伊莎貝爾·湯瑪斯 Isabel Thomas

圖　安可·魏克曼 Anke Weckmann

譯　葉庭君

為什麼瑪里‧居禮會成為世界上最著名的科學家之一呢？
我們可以從她對於科學的看法，找到一些線索：

我和一些人一樣，認為科學非常美麗。

在實驗室中的科學家，不僅是一名技術人員，在面對科學的自然現象時，他會開心的像沉醉在童話故事中的孩子。

瑪里‧居禮的人生就像一個童話故事，有喜悅、也有悲傷；有掙扎奮鬥、也有偉大成就。其中，特別要注意一種叫做「鐳」的金屬，它既是解救世界的英雄，也是足以摧毀這個世界的惡棍。

瑪里出生於波蘭的華沙，是家中五個孩子裡
年紀最小的。

瓦迪斯瓦夫·斯克沃多夫斯卡博士
——數學及<u>物理</u>老師

布朗斯拉娃·斯克沃多夫斯卡
——中小學校長

索西亞

約瑟夫

布洛尼亞

海拉

之後，我就改名為「瑪里」囉！

瑪里亞
出生於1867年11月7日

在這個時期，一部分的
波蘭—包括華沙—仍在
俄國的統治之下。

俄國人想要我們忘記波蘭的
一切，學習他們的生活方式。
但是，我們偷偷的教孩子們
學習波蘭的語言及文化。

斯克沃多夫斯卡家的小孩都喜歡學習，但瑪里是最聰明的
一個！有一天，布洛尼亞因為讀不懂一個句子而發脾氣，
瑪里看了一眼便一字不漏的念了出來。她的爸爸、媽媽非
常驚訝，因為沒有人教過她讀書識字呢！

瑪里九歲的時候，她的姊姊索西亞因為斑疹傷寒過世了。
不到兩年，她的媽媽也死於結核病。很長一段時間，瑪里
沉溺在悲傷之中，而且她的爸爸也愈來愈貧困。

到了瑪里該上中學時，她不知道該高興還是難過。她熱愛
學習，但是學校由俄羅斯政府掌控，而且嚴格的管制。

瑪里的個性，就像她那頭不聽話、不受拘束的捲髮一樣。

瑪里，把頭髮
依規定綁整齊！

幸運的是，
瑪里有一位好朋友
陪她面對這一切的困難。

她最愛到加西亞漂亮的家裡，
和她一起享用檸檬汽水
及巧克力冰淇淋！

瑪里提早一年完成了學業，利用多出來這一年的時間待在鄉下，將書本及課業拋在腦後。

當瑪里十六歲時再度回到華沙，雖然變得比以前更開朗，卻也有個很大的擔憂。

她的哥哥約瑟夫已經開始受訓準備當一名醫生，但在俄羅斯統治下的波蘭，女生不允許進入大學就讀！瑪里只有三個選擇……

接下來要做什麼呢？

1.
當一位老師
(跟媽媽一樣)

2.
結婚
(不過，我還太年輕了!)

3.
去別的國家念大學
(但是爸爸負擔不起學費)

這時候，她收到了一封非常特別的邀請函……

一個祕密基地

女孩跟男孩應該擁有一樣的受教機會，所以我設立了一個祕密大學(後稱為「移動大學」)。我們一週上課兩個小時，課程由頂尖的科學家、思想家及歷史學家授課。家境貧困、負擔不起學費的女孩，我們也十分歡迎!

請好好保守這個祕密，千萬不要被俄羅斯警察發現了!看完此信請立即銷毀!

到1889年為止，已經有1000個女孩在華沙的「移動大學」就讀。瑪里和她的姊姊布洛尼亞非常熱愛學習，也十分渴望能夠出國繼續完成學業，不過，出國念書太昂貴了！

瑪里想了一個辦法：她要去找一個家教的工作，存下足夠的錢送布洛尼亞到巴黎念書。等姊姊成為醫生之後，瑪里就可以過去找她。

十八歲的瑪里成為了一名家庭教師，搬進一座又大、又漂亮的房子裡。她的計畫成功了！她很快存了足夠的錢把姊姊送到巴黎，但是她卻感到十分厭煩且沮喪……

什麼時候才能換我去念大學呢？

瑪里期待已久的信件**終於**送來了！布洛尼亞和她新婚的丈夫邀請瑪里到巴黎跟他們一起住。

1891年，瑪里帶著她所有的家當（連床單都帶了！）搬到法國。瑪里進入世界著名的索邦大學，研讀她喜歡的科目：物理和數學。

瑪里常常因為太過用功而忘了吃飯（再說，她幾乎負擔不起三餐）……

……但我好快樂！

1894年，她遇到一位在索邦大學工作的傑出科學家——皮耶·居禮。一年後，他們便結婚了。

當夫婦騎自行車開始他們的蜜月旅行時，他們並不知道自己即將改變世界。

瑪里準備開始攻讀<u>博士學位</u>，這是她第一次以科學家的身分進行研究。在科學家尋找答案之前，最重要的是……發現問題！

瑪里開始閱讀與記錄所有關於物理和<u>化學</u>的最新發現，希望能有新奇且有趣的發現。

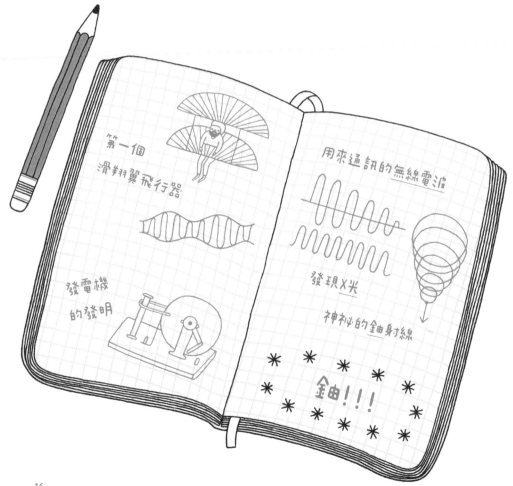

在1896年時，科學家對神祕且看不見的X射線十分感興趣。這是一種可以穿透堅硬物體的射線，甚至可以拍出驚人的骨骼照片！

科學家亨利·貝克勒注意到，一種稱為「鈾」的金屬也可以產生看不見的射線時，卻沒有受到關注。因為以輻射線來說，X射線更加強大！但瑪里卻對這個發現很感興趣……

我想知道，
其他的物體是否也能
發射出這些射線？

「這是一個全新的問題。更重要的是，
沒有其他人研究過。」

瑪里決定設法找出答案,她開始測試所有的元素。這些是
建構地球上各個事物的基本要素,它們被詳細的列入一種
叫做「元素週期表」的簡易表格中。

雖然不太順利,但瑪里並沒有放棄。

她繼續對陳列在自然史博物館裡的礦物進行試驗。其他的科學家並沒有這麼做，因為，礦物只是瑪里之前測試過的元素的不同混合物罷了。

她還測試了一種又黑又重，名為「瀝青鈾礦」的石頭，裡面包含了微量的鈾元素。

終於，瑪里有了驚人的大發現⋯⋯

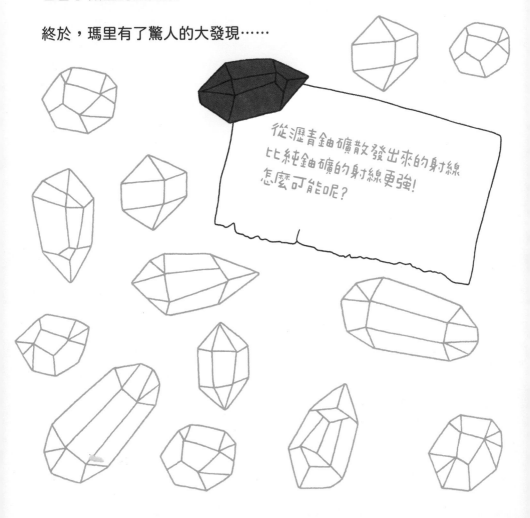

從瀝青鈾礦散發出來的射線比純鈾礦的射線更強！怎麼可能呢？

瑪里感到十分困惑，她跟皮耶一次又一次的針對瀝青鈾礦測試以便確認。接著，她發現了第二種礦物可以散發出看不見的射線，而且裡面竟然沒有鈾！

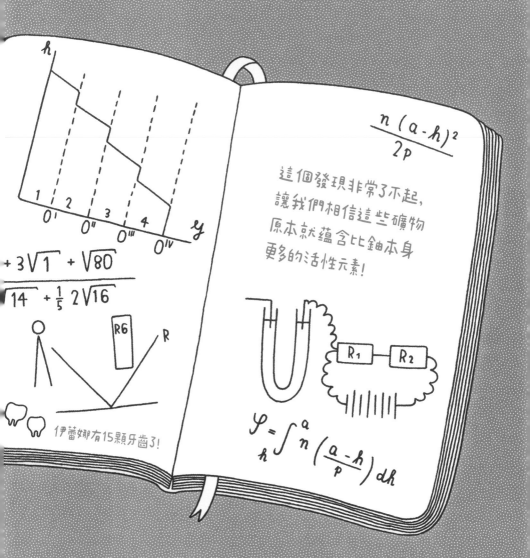

$$\frac{n(a-h)^2}{2p}$$

這個發現非常了不起，讓我們相信這些礦物原本就蘊含比鈾本身更多的活性元素！

$$+ 3\sqrt{1} + \sqrt{80}$$
$$\overline{14} + \frac{1}{5} 2\sqrt{16}$$

R6

R

伊蕾娜有15顆牙齒了！

R₁ R₂

$$\mathcal{G} = \int_h^a n\left(\frac{a-h}{p}\right) dh$$

科學家熱愛意想不到的發現及新問題，因此瑪里對
於新發現感到十分興奮！

不過，其他的科學家卻不一定這麼想。

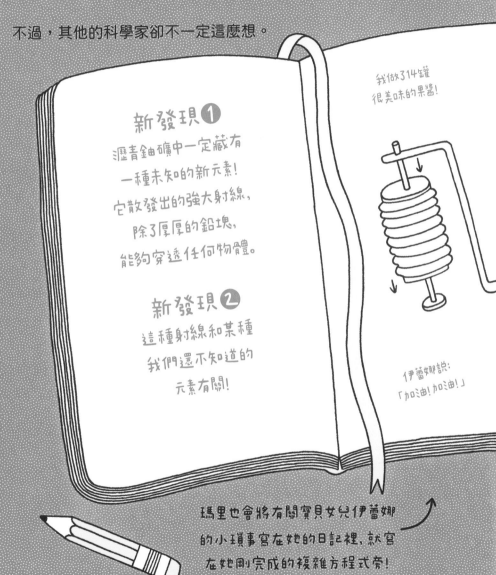

新發現❶
瀝青鈾礦中一定藏有
一種未知的新元素！
它散發出的強大射線，
除了厚厚的鉛塊，
能夠穿透任何物體。

新發現❷
這種射線和某種
我們還不知道的
元素有關！

我做了14罐
很美味的果醬！

伊蕾娜說：
「加油！加油！」

瑪里也會將有關寶貝女兒伊蕾娜
的小瑣事寫在她的日記裡，就寫
在她剛完成的複雜方程式旁！

唯一能夠證明且一勞永逸的辦法，就是將這個神祕元素從瀝青鈾礦中提煉出來。因為一旦眼見為憑，就不會有人認為這個元素不存在了！

這將會是一個棘手的任務，因此皮耶放棄了他自己的研究，轉而加入瑪里的行列。

我們不應該這麼做

沒有經費
(皮耶在索邦大學還不是
教授職，只是一個薪水不
高的老師)

沒有實驗室
(只有一間儲藏室裡的
幾張木桌!)

有一個嬰兒(伊蕾娜)
需要照顧

作為全職的老師，
我們只能利用晚上
進行實驗

沒有任何資助

✳ 我們應該這麼做 ✳
因為我們興奮到
停不下來!

他們著手將瀝青鈾礦
磨成粉末，溶解於酸性溶液中，
接著將不同的元素分解出來。
他們最終得到的一種黑色粉末。
這種粉末發出的射線比
從鈾中發出的強330倍！

瑪里創造了「放射性」一詞來形容
這種令人驚豔的能量，接著她把這種元素
命名為「釙」。

84
Po

「釙(Po),為了紀念
我的祖國—波蘭,
以此命名。」

居禮夫婦注意到，從瀝青鈾礦分離釙及鈾所剩下的液體，依然擁有強烈放射性。

這個線索證明了，瀝青鈾礦中含有非常微量、未知的**第二種**新元素——比釙及鈾擁有更強的放射性！

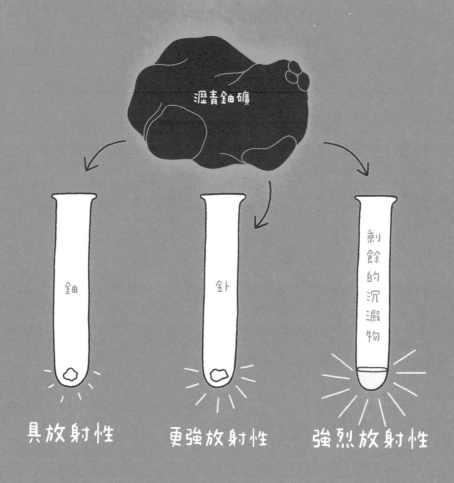

他們在1898年發表這個新發現，並將此新元素
命名為「鐳」。

當皮耶決定繼續鑽研這種射線的能量時，瑪里打算想
辦法提煉這項新金屬。為此，她需要更多的瀝青鈾
礦，**超級多**的瀝青鈾礦。

瀝青鈾礦非常昂貴，但居禮夫婦十分貧困。因此，瑪里向從瀝青鈾礦中提煉鈾的工廠買了廢料。

就連工廠也不知道，這種剩餘的殘渣含有比鈾更珍貴的物質！

瑪里開始利用瀝青鈾礦來提煉含有鐳的微小粒子，這有點像是從沸水中提取出鹽分，但更辛苦、更艱難。

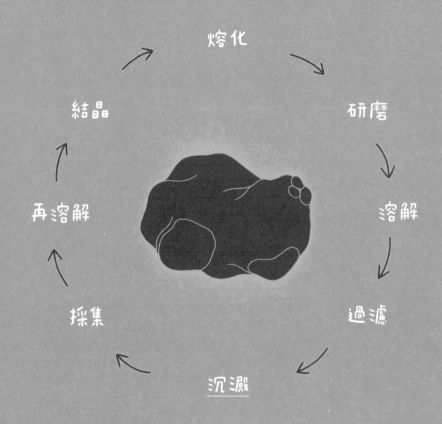

熔化

結晶

研磨

再溶解

溶解

採集

過濾

沉澱

這是一項艱辛的工作——搬運容器、倒出液體，接著花好幾個小時不停攪拌鑄鐵盆裡滾燙的材料，一次又一次重複做著相同的事！

他們在一個破舊的棚子裡工作，
地上全都是黏稠的瀝青，
還有坑坑破破的玻璃屋頂，
既不保暖，也擋不了雨水。

居禮夫婦開始感到不舒服且筋疲力盡，
他們不知道整個過程中所釋放出的<u>輻射</u>非常危險。

瑪里離目標愈來愈近了，實驗中萃取出的液體具有放射性，所以能夠發光。

我們的樂趣之一是晚上到工作室裡、

改變世界的
非凡人物

瑪里‧居禮
MARIE CURIE

改變世界的 非凡人物 系列
因為他/她們，世界變得更精采！

本系列精選六位來自世界各地、涵蓋各個領域、跨越時代與性別的人物，用優美的插圖、簡單易懂的文字，介紹他們所面對的困境、成就的事蹟，以及為這個世界帶來的改變。

透過這幾個非凡人物的生命故事，帶給孩子一趟啟發之旅。發現自己的天賦，勇敢追逐夢想，從現在就開始!

全系列6冊

達文西

芙烈達

曼德拉

艾爾哈特

瑪里・居禮

達爾文

看著四周裝著我們心血的燒杯和試管，在夜裡發著光。

花了三年的時間，1902年時，瑪里終於從十噸瀝青鈾礦中，萃取出一毫克的鐳！

1903年6月，瑪里取得博士學位，也是歐洲第一位獲得此項學術資格的女性。

同年，因為他們對於放射線的成果貢獻，居禮夫婦及他們的老師亨利‧貝克勒一同獲得世界最高榮譽的科學獎項——諾貝爾物理學獎。

現在，他們是科學界的超級巨星了！

伊蕾娜非常喜歡這個超巨大的金牌！

瑪里‧居禮

大家都想知道如何提煉出「鐳」，如何利用它驚人的特性。只要跟使用他們提煉方法的科學家及商人收費，居禮夫婦就可以變得很有錢。然而，他們卻無條件分享他們的所知所學，因此醫生也能夠立即開始使用鐳。

鐳是屬於大家的！

桌上堆滿了祝賀的電報，報紙上刊登著數以千計的報導，每個人都想要一睹居禮夫婦的風采。但是他們並不想要變得富有或是出名，他們只希望有時間及空間當一個普通的科學家。

他們還有新的難題要解決。

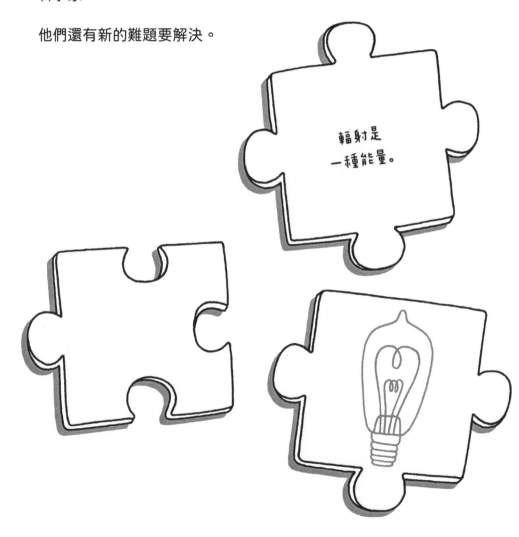

輻射是
一種能量。

居禮夫婦了解另一種類型的輻射——光，是通過太陽內部的化學反應而產生……

……或是當燈泡裡的電線變得非常熱，就會發出光。

不過，鐳所發出的射線並不是因為與任何物質相互反應或是透過加熱而釋放出。

這種神祕的能量是從哪裡來的？

1904年，瑪里開始她第一份有報酬的科學研究工作，是在皮耶的實驗室當首席助理。同時，他們有了第二個女兒——艾芙。

接下來，將近兩年的時間，瑪里和皮耶一起研究他們喜愛的科學。皮耶也終於獲得索邦大學的教授職位。

週末時，居禮一家會騎著自行車去郊外旅遊、探險；漫步在樹林中，追逐蝴蝶和採集鮮花。

他們完全沒有意料到，不幸的事情即將來臨……

1906年，
某一個下著雨的早晨，
皮耶在前往實驗室的路上，
被一輛馬車撞倒碾過，
當場死亡。

當我走進房間的時候，
有人告訴我:「他走了。」
有誰能聽得懂
這句話?

皮耶死了。今天早上
我看著他出門時，
一切還好好的啊⋯⋯
但他已經永遠消失了，
什麼都沒留給我，
除了孤寂和絕望。

起初，瑪里覺得自己再也不想繼續工作了。
但是，當她有機會停止工作並獲得喪夫的撫
卹金時，她拒絕了。她決定完成她與皮耶一
起展開的研究工作。

於是，瑪里接手了皮耶的教職，並在1908年時，成為索邦大學史上第一位女教授。

除了講課，她同時繼續管理繁忙的實驗室，以及負責督促其他科學家的工作。

她還撰寫了大量的重要論文和書籍，並於1910年出版了她最著名的作品。

放射能概論

有971頁！

1911年，瑪里達成了另一項「了不起的第一次」——她榮獲第二座諾貝爾獎，這次是化學獎！在這之前，世界上沒有人得過兩次諾貝爾獎。

瑪里的名字再度出現在每份報紙上，而且時常在街上被攝影記者追著跑。

不過這一次，記者卻寫了很多傷害她的報導，描寫瑪里跟另一位已婚的科學家保羅·朗之萬互動過於親密。因為這一件醜聞，諾貝爾委員會要求她不要親自前往領獎。

瑪里不在乎其他人的想法，最終她還是去了。

到了1914年，瑪里原本很期待搬進由她規劃的全新實驗室：索邦大學的鐳研究所。

但是這項計畫卻延後了，因為世界上規模最大的戰爭爆發了。

瑪里立即竭盡所能的提供任何能夠幫助法國的方法。
她對X光十分了解，所以她決定先確保有盡可能足夠的
X光設備，可以提供給法國的醫院。

X光能夠在攝
影底片上留下
陰影。

它們可以穿透
皮膚及肌肉，但
是卻不能穿透
金屬。

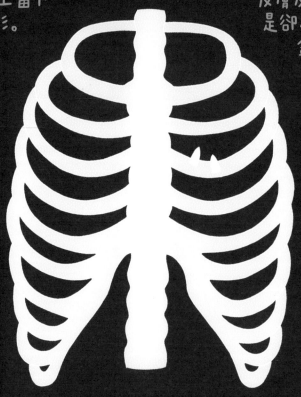

這種特性有助於醫生發現人體內的子彈和彈片，並在它
們造成更大傷害之前將其移除。

瑪里很沮喪，因為當士兵送到醫院時，往往為時已晚。要是能更快的診斷出受傷的部位，就可以挽救更多的生命。

因此，她想出了一個驚人的計畫：打造一輛有X光設備的汽車，由汽車引擎提供電力，可以隨時趕往任何需要使用X光設備的醫院。

瑪里並沒有完成一輛X光車就停止。她在巴黎四處奔走，尋求資金、物資和車輛。大家都覺得十分榮幸，能夠幫助這位世界著名的科學家。因此，她很快成立了一支名為「小居禮夫婦」的行動X光車隊。

多虧有瑪里的努力，
車隊包括了：

20輛行動醫療卡車

200臺固定式X光裝置

150名婦女受訓成為X光技術人員

檢查了120萬名受傷人員

將鐳氣送到醫院治療傷口

瑪里自己也擔任司機,在第一次世界大戰的戰地附近替受傷人員照射X光。她甚至訓練自己十七歲的女兒伊蕾娜獨立負責一輛車。

她的努力使X光部門成為每間醫院的重要科室——不僅在戰爭期間如此,平時也是。

戰後，瑪里繼續她擔任科學家、老師及鐳研究所負責人的工作。同時，她也聘請了許多女性科學家，包括她的女兒伊蕾娜。

這裡成為世界上研究放射性物質，以及研究這些物質用來治療癌症和其他疾病的方法，最具成果的地點之一。

瑪里比以往更加有名，她受邀前往美國。雖然她討厭鎂光燈，而且搭船穿越大西洋的旅程相當漫長，但瑪里還是答應了，因為她知道這趟行程，將有助於籌措更多資金以投入後續研究。

1921年，美國送給瑪里一公克的純鐳當作禮物。它的價值相當於今日的十萬至兩百萬美元。當時，鐳仍然是強大輻射的唯一來源，因此對實驗室的研究至關重要。1929年，美國提供瑪里足夠的經費買下第二克珍貴的鐳。

許多世界上最傑出的物理學家，包括愛因斯坦，都在探索原子內部的巨大能量。

鐳釋放的輻射能夠有效的殺死病變細胞，但它也會損害健康細胞。

自從居禮夫婦在1898年發現這個元素以來，人們便一直將它運用在各種地方——不僅運用於醫學治療中，也用來製作能在暗處發光的塗料、帶著發光眼睛的泰迪熊，以及原以為比蠟燭更加安全的聖誕燈飾。

在黑暗中，
鐳散發出的光芒
足以供人閱讀呢！

鐳水

但是，在1930年代，與鐳有密切接觸的人，如使用鐳塗料的工廠工人，開始生病，並且死亡。此後，全世界才意識到放射性物質究竟有多危險。

因多年來使用放射性物質，破壞了骨骼中能夠產生新紅血球的細胞，瑪里在不知情的情況下患有放射疾病(即再生不良性貧血)。1934年7月4日，瑪里去世，年僅六十六歲。

值得慶幸的是，她能夠在活著時完成她最大的夢想——在華沙成立一所全新的鐳研究所，作為研究和治療癌症的中心。這座中心經募款集資建成，並且由瑪里的姊姊布洛尼亞擔任負責人。

向
瑪里‧斯克多夫斯卡‧居禮
致敬

她還見證了伊蕾娜以及她的丈夫弗雷德里克·約里奧發現人工放射性。而這一項發現也為他們贏得了專屬於自己的諾貝爾獎。

藉由把像鋁這樣的普通金屬轉化為放射性物質，就能夠直接使用輻射，不需要在自然界中搜尋稀有又具危險性的放射性物質。

如果沒有瑪里·居禮的決心和奉獻，這一切都不可能實現。

瑪里·居禮擁有一個偉大科學家的所有特質：

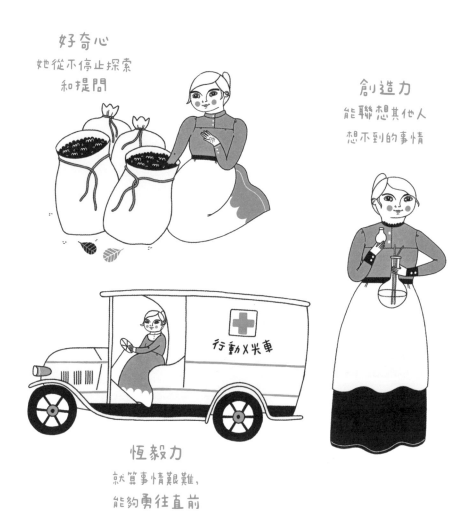

好奇心
她從不停止探索
和提問

創造力
能聯想其他人
想不到的事情

恆毅力
就算事情艱難，
能夠勇往直前

因為具備這些特質，讓她找到了造成物理、化學與醫學
永久改變的大發現。

「生活對我們
任何人來說都不容易。
但那又怎麼樣呢?
我們必須堅持不懈,
最重要的是對自己充滿信心。
我們必須相信自己
擁有的天賦,並且努力
去達到這個目標。」

瑪里·居禮的偉大發現所帶來的影響

瑪里發現放射性是原子的特性

這讓科學家對原子有了更清楚的理解

並發展出核子物理學這門科學

它能夠治療，甚至治癒癌症和其他疾病

因為它發出的放射線可以破壞癌細胞

瑪里分離出「純鐳」

這種輻射還可用於消毒醫療設備，有助於防止細菌傳播

「鐳療法」延伸為今日的放射治療

瑪里研發出一種測量輻射強度的方法

古生物學家和考古學家將使用碳定年來測量他們發現的物質有多古老

地質學家和歷史學家可以用此方法來推算岩石和土壤的生成年代

在瑪里設立的鐳研究所發現人工放射性

這使得放射性物質在使用上更加安全

醫生現在不需開刀便可使用放射性示蹤劑，來查看體內發生什麼問題，有助於他們了解和診斷腦部與其他部位的疾病。

年表

1867
11月7日，瑪里亞‧斯克沃多夫斯卡出生於波蘭華沙。

1880年代
瑪里亞和她的姊姊布洛尼亞開始在華沙的移動大學就讀。

1886
瑪里亞成為奧勞斯基家的家庭教師。

1897
居禮夫婦的女兒伊蕾娜出生了。

1898
居禮夫婦發表兩個新元素——鐳和釙。

1903
瑪里成為歐洲第一位獲得物理學博士學位的女性。
同年，居禮夫婦榮獲諾貝爾物理學獎。

1910
《放射能概論》出版了。

1911
瑪里獲得第二個諾貝爾獎，這次是化學獎。至今她仍是唯一獲得兩項諾貝爾獎的女性。

1914
瑪里搬進位於索邦大學的鐳研究所……

1930年代
人們開始發現輻射的有害影響。

1932
鐳研究所在波蘭華沙設立。

1934
7月4日，瑪里因輻射疾病過世，享年六十六歲。

1891

瑪里亞搬到法國，在巴黎索邦大學學習物理和數學，並改名為瑪里。

1895

瑪里和皮耶·居禮結婚。

1896

亨利·貝克勒發現鈾能夠發出不可見的射線，這一發現也刺激了瑪里自身的研究。

1904

瑪里成為皮耶實驗室的首席助理，這是她在科學領域第一份有報酬的工作！
居禮夫婦的第二個女兒艾芙出生了。

1906

皮耶於一場車禍意外中過世。

1908

瑪里成為了索邦大學的物理學教授，這使她成為該大學歷史上第一位女教授。

1914

……不過，她的工作卻因為第一次世界大戰中斷。為了幫助受傷的士兵，她建立了一支名為「小居禮夫婦」的行動X光車隊。

1918

戰爭後，瑪里繼續在鐳研究所研究放射性物質。

1921

瑪里到美國為她的研究募款。

現今

放射治療仍然是癌症治療中重要的一部分。
瑪里的筆記本仍然具有強烈的放射性，因此必須將它們保存在特殊的鉛盒中！

瑪里·居禮

小辭典 *依內文出現順序排列

鐳
一種符號為Ra，原子序數為88的金屬化學元素。鐳具有很強的放射性，存在於瀝青鈾礦中。

物理學
關於物質和能量，以及這些力量如何相互作用所進行的研究。

博士學位
大學授予的最高學位。

化學
物質的研究(如原子、氣體和元素等)以及它們如何相互作用所進行的研究。

無線電波
一種電磁輻射，通常用於傳輸無線電和電視信號。

X光射線
一種電磁波，可以通過某些固體材料，如皮膚、肌肉，並在感光紙上留下陰影。

鈾
一種符號為U，原子序數為92的化學元素，是一種高放射性的銀白色金屬。

元素
一種無法經由化學變化或分解成更簡單內容的物質。目前已知有92種天然元素，如鋁、金和氦；有26種是在實驗室中製造出來的合成元素，共計118種元素。

元素週期表
目前已知的118種化學元素，依原子序數所排列而成的表格。具有類似特性的化學品物質(如金屬)會被分在同一組。

瀝青鈾礦
含有鐳的黑色礦物。

溶解
將固體物質摻入液體中，使其形成溶液。例如，你可以將糖溶解於茶。

放射性
擁有或產生輻射。輻射以「居禮」單位測量，從居禮夫婦命名而來。

釙
透過分離鈾取得的放射性金屬元素，符號為Po，原子序數為84。

沉澱
從液體溶液中取得不可溶固體(不能溶解的物質)。

輻射
一種能夠發出光線、光波或粒子的能量。

諾貝爾獎
每年頒發的一系列獎項，獎勵在科學、醫學和文學等領域的傑出工作成果。該獎項於1895年由瑞典發明家阿弗烈‧諾貝爾創立。

原子
化學元素的最小單位，由電子、質子和中子組成，這些被稱為「次原子粒子」。

核子物理學
針對原子裡的質子和中子所進行的研究。

消毒
去除物體或物質中的所有細菌和病毒。

放射治療
使用放射線來治療疾病。

古生物學家
對岩石或土壤中保存了數千年，甚至數百萬年的骨骼和化石進行研究的科學家。

考古學家
透過發掘(挖掘)重要遺址來研究人類歷史的人。從考古學家發現的物體，可以推敲曾居住在當地的是哪些人，有時候可能是幾千年前的人。

碳定年
透過測量物體所含放射性碳水化合物的含量來確定物體的年齡，因為碳會以正常速率損失中子。

地質學家
研究岩石和土地，了解地球結構及其如何隨時間產生變化的科學家。

電子
原子中含有負電荷的微小粒子。原子是電中性的，因此當它獲得電子時帶負電，當它失去電子時帶正電。

質子
在原子核內發現的次原子粒子。質子的正電荷等於電子的負電荷。原子核中發現的質子數量即是化學元素的原子序數，決定了該化學元素在元素週期表中的位置。

中子
除了氫原子之外，其他原子都有中子。

文 **伊莎貝爾・湯瑪斯** Isabel Thomas

科普童書作家，以人物、科學、自然等為主要創作題材。作品曾入選英國科學教育協會年度最佳書籍、英國皇家協會青少年圖書獎與藍彼得圖書獎等。

圖 **安可・魏克曼** Anke Weckmann

自由插畫家。德國出生，畢業於英國坎伯韋爾藝術學院。作品散見於雜誌、書籍、廣告以及各種產品設計等，以手繪加上電腦上色的風格為主。目前定居倫敦。

譯 **葉庭君**

畢業於國立台北教育大學兒童英語學系，目前任教於臺北市永安國小。根據過去的教學經驗，教學不僅僅是關於老師與學生的互動，更多的是互動背後得到的啟發。希望能藉由翻譯，從孩子的角度思考，讓讀者透過淺顯易懂的內容，認識世界，與自己對話。